for Sister Bethany

# Charles M. Schulz
# Snoopy für alle Lebenslagen

Aus dem amerikanischen Englisch
von Matthias Wieland

Mit einem Nachwort
von Lars von Törne

Reclam

MIX
Papier aus verantwortungsvollen Quellen
FSC® C019821

RECLAMS UNIVERSAL-BIBLIOTHEK Nr. 14487
2024 Philipp Reclam jun. Verlag GmbH,
Siemensstraße 32, 71254 Ditzingen



Druck und Bindung: Druckerei C.H.Beck,
Bergerstraße 3–5, 86720 Nördlingen
Printed in Germany 2024
RECLAM, UNIVERSAL-BIBLIOTHEK und
RECLAMS UNIVERSAL-BIBLIOTHEK sind eingetragene Marken
der Philipp Reclam jun. GmbH & Co. KG, Stuttgart
ISBN 978-3-15-014487-9
www.reclam.de

# Inhalt

# Wer ist wer?

Charlie Brown

Schroeder

Peppermint Patty

Marcie

Rerun von Pelt

# Wer ist wer?

Snoopy

Woodstock

Sally Brown

Lucy van Pelt

Linus van Pelt

»Immer nach oben schauen …
das ist das Geheimnis des Lebens …«

Der Denker

ES IST WICHTIG, REGELMÄSSIG ZU JOGGEN.
2-5
WENN MAN EINE WEILE PAUSIERT HAT, SOLLTE MAN LANGSAM WIEDER EINSTEIGEN ...
LANGSAM GENUG.
SCHULZ

WOLKEN FASZINIEREN MICH.
7-16
EINIGE SIND HERRLICH ANZUSCHAUEN ...
MANCHE SIND RICHTIG HÄSSLICH ...
... UND ZIEMLICHE MIMOSEN!
SCHULZ

DAS IST DIE TABLETTE, DIE DER ARZT DIR VERORDNET HAT ...
ICH BIN GESPANNT, OB SIE IRGENDWELCHE NEBENWIRKUNGEN HAT ...
10-2
ICH AUCH.
DARAUF KOMMT ES AN IM LEBEN: GUTE NEBENWIRKUNGEN!
SCHULZ

WAS MEINST DU, LINUS, HALTEN IM LEBEN DIE GUTEN DINGE LÄNGER AN ODER DIE SCHLECHTEN?
DIE GUTEN DAUERN ETWA ACHT SEKUNDEN ... SCHLECHTE DINGE DREI WOCHEN.
UND ALLES DAZWISCHEN?
DAZWISCHEN HÄLT MAN BESSER EIN NICKERCHEN ...
SCHULZ
2-17

Schönheitstipps
5-4
Wie Sie jünger aussehen ...
Werden Sie später geboren.
SCHULZ

WENN ICH EIN MAULWURF WÄRE, WÜRDE ICH MEINE LÖCHER NICHT IM BODEN BUDDELN.
7-24
BEI REGEN LÄUFT DOCH ALLES VOLL.
ES IST VIEL SCHLAUER, SEIN LOCH IM HANG ZU GRABEN ...
MAN SOLLTE SICH ALLERDINGS FESTHALTEN ...
SCHULZ

MANCHER MAG DEN MÄRZ ÜBERHAUPT NICHT ...
MIR MACHT ER NICHTS AUS.
WENIGSTENS WIRD EINEM DIE ZEIT NICHT LANGWEILIG ...
3-9
MAN KANN ZUM BEISPIEL SEINE OHREN IM WIND FLATTERN LASSEN!
SCHULZ

ICH KANN MICH IN MEINEM WASSERNAPF SEHEN.
WENN ICH DAS WASSER AUSTRINKE, GEHT DAS NICHT MEHR ...
ICH HAB ZWAR TIERISCHEN DURST ...
ABER MICH DÜRSTET MEHR NACH MEINEM ANBLICK!
5-23
SCHULZ

ICH GLAUBE, ZWISCHEN SPIELERN UND MANNSCHAFTSEIGNERN KANN ES KEIN ECHTES VERSTÄNDNIS GEBEN ...
... WIE AUCH ZWISCHEN SCHAUSPIELERN UND PRODUZENTEN ...
... ZWISCHEN AUTOREN UND VERLEGERN ...
8-2
... ZWISCHEN HUNDEN UND MENSCHEN ...
SCHULZ

HE, DU WIRST LANGSAMER!
DU WIRST DOCH NICHT ETWA ALT, ODER?
8-26
ABER SICHER ...
ICH BIN FÜNF MINUTEN ÄLTER ALS BEIM START!
SCHULZ

ICH NEHME IMMER ERST EINE KUGEL VANILLE UND DANN EINE KUGEL SCHOKOLADE OBENDRAUF.
DU HAST DIE VANILLE GERN OBEN UND SCHOKO UNTEN?
2-8
ERSTAUNLICH ...
ES MUSS WOHL SOLCHE UND SOLCHE GEBEN!
SCHULZ

DAS LEBEN IST KOMISCH.
MAN KANN JEMANDEM SEHR NAHESTEHEN ...
9-29
UND OHNE ERKENNBAREN GRUND ENTFERNT MAN SICH MIT DER ZEIT VONEINANDER.
MEIN FRESSNAPF STAND IMMER EINEN HALBEN METER ENTFERNT ... JETZT IST ES EIN METER.
SCHULZ

MIST!
MEIN FUSS IST EINGESCHLAFEN!
FÜSSE MACHEN EIN NICKERCHEN, WANN IMMER IHNEN DANACH IST ...
UND WIR ANDEREN MÜSSEN DANN IRGENDWO RUMHÄNGEN, BIS SIE AUFWACHEN ...
1-16
SCHULZ

DAS WAR DER BESTE MARMELADENKRAPFEN MEINES LEBENS!
10-17
NACH SO EINEM MARMELADENKRAPFEN FÜHLT MAN SICH RUNDUM WOHL ...
WENN NICHTS GUT FÜR EINEN IST, MUSS MAN EBEN SO TUN, ALS WÄRE ALLES GUT FÜR EINEN!
SCHULZ

10-30

GLAUBE SCHON ...
?

ABER ES GEHT IM LEBEN NICHT
NUR DARUM, SÜSS ZU SEIN ...
SCHULZ

»EINFÜHRUNG IN KARRIEREGESTALTUNGSPLANUNG UND INDIVIDUELLE BERUFLICHE NEIGUNGSPRÜFUNG ZUR FESTSTELLUNG GEEIGNETER ARBEITSPLATZALTERNATIVEN«
LIEBER NICHT ...
SCHREIB DICH NIE BEI EINEM SEMINAR EIN, DESSEN NAME LÄNGER IST ALS DER GANZE KURS ...
SCHULZ
8-23

MANCHMAL FRAGE ICH MICH, WIE DU DAS AUSHÄLTST, NUR EIN HUND ZU SEIN ...?
10-4

MAN MUSS EBEN NEHMEN, WAS MAN KRIEGT ...

WAS IMMER DAS HEISST.

»ALLES IST GUT« ... DAS IST MEIN NEUES LEBENSMOTTO.
3-23
ALS HUND HAST DU WOHL KEIN LEBENSMOTTO, ODER?
SCHULZ

»Geheimnisse des Lebens«
Immer nach vorn schauen.
12-9

Außerdem nicht vergessen, über die Schulter zu gucken.

Passt auf, dass ihr euren Fressnapf nie aus den Augen verliert.
SCHULZ

IMMER NACH OBEN SCHAUEN ... DAS IST DAS GEHEIMNIS DES LEBENS ...
5-29
KLONK!
ICH HAB MICH GEIRRT ... IST ES DOCH NICHT ...

»Du nennst dein Herrchen
›den Jungen mit dem Mondgesicht‹?«

Der treue Freund

8-17
ICH SAG'S NUR UNGERN, ABER BESONDERS BEQUEM IST DAS NICHT ...
AUCH NICHT BESSER ...
SCHULZ

1-17
EIN SCHÖNER HUND BIST DU! ICH WETTE, DU ERINNERST DICH NICHT EINMAL AN MEINEN NAMEN!
MEINE INITIALEN SIND C.B. UND ICH HABE DENSELBEN VORNAMEN WIE DER BERÜHMTE SCHAUSPIELER CHAPLIN …
MEIN NACHNAME REIMT SICH AUF »CLOWN«.
HINWEISE! EIN KÖNIGREICH FÜR MEHR HINWEISE!
SCHULZ

Gleich nach meiner Geburt wurde ich von dem Jungen mit dem Mondgesicht adoptiert.
DU NENNST DEIN HERRCHEN »DEN JUNGEN MIT DEM MONDGESICHT«?
7–8
MEINST DU NICHT, DASS DU WENIGSTENS SEINEN NAMEN ERWÄHNEN SOLLTEST?
SCHULZ
DAS IST MIR EIGENTLICH ZU VIEL RECHERCHE ...

ICH HAB ÜBER DEINEN FALL NACHGEDACHT, CHARLIE BROWN ...
DER DOKTOR IST DA
DEINE ANGST VORM ALLEINSEIN IST NICHT UNGEWÖHNLICH ...
WAS DU BRAUCHST, IST EIN HUND!
WAS GLAUBST DU, WER ICH BIN, KERMIT DER FROSCH?!

WIE WÄR'S MIT EINEM KLEINEN SPAZIERGANG?
SO SEHEN ALLE, WELCH GUTE FREUNDE WIR SIND!
1-28
WENN WIR SEITE AN SEITE DIE STRASSE HINUNTERSPAZIEREN, WERDEN ALLE SAGEN: »SIEH AN, DA GEHT EIN JUNGE MIT SEINEM HUND!«
GUT, DASS ER MICH GEWARNT HAT!

DIE FREUNDSCHAFT ZWISCHEN EINEM JUNGEN UND SEINEM HUND IST ETWAS WUNDERBARES ...
6-29
DIE GEWISSHEIT, DASS WIR UNS MEHR BEDEUTEN ALS ALLES ANDERE AUF DER WELT, RÜHRT MICH ZUTIEFST ...
DAS HAB ICH GESEHEN!
SCHULZ

GAR NICHT SO LEICHT, SICH AUF DIE SCHULE ZU KONZENTRIEREN, WENN DEIN HUND GANZ ALLEIN ZU HAUSE IST ...

ICH BEEILE MICH IMMER, NACH HAUSE ZU KOMMEN, WEIL ICH WEISS, DASS ER MICH SEHNSUCHTSVOLL ERWARTET ...

WO SIND DIE KEKSE?
SCHULZ
10-16

ICH WEISS EINFACH NICHT, WIE MAN EINEN LIEBESBRIEF SCHREIBT.
WIE KANN MAN EINEM MÄDCHEN BEDEUTEN, DASS MAN SIE WIRKLICH GERNHAT?
DU KÖNNTEST IHR EINEN KEKS BEILEGEN.
8-20

ICH FINDE ES ECHT SCHADE, DASS TIERE NICHT SPRECHEN KÖNNEN ...
STELL DIR VOR, WELCH WUNDERVOLLE DINGE DU MIR ERZÄHLEN KÖNNTEST ...
HÄ?
8-7

DAS BESTE AN DER SCHULE IST DAS HEIMKOMMEN, WENN DEIN HUND ÜBER DEN HOF JAGT, UM DICH ZU BEGRÜSSEN!
MANCHMAL ... ALSO HIN UND WIEDER ... VON ZEIT ZU ZEIT ...
SCHULZ
9-5

HALLO SALLY ... ICH KOMM HEUT NACHMITTAG WIEDER NACH HAUSE ...
HAT MEIN HUND MICH VERMISST?
OH JA ... DER KANN DEINE HEIMKEHR KAUM ERWARTEN ...
WILLKOMMEN DAHEIM, MONDGESICHT!

WENN ICH MICH BEWEGE, WECK ICH MEINEN HUND ... ABER WENN ICH LIEGEN BLEIBE, KOMME ICH ZU SPÄT ZUR SCHULE ... ICH WEISS NIE, WAS ICH IN DIESER SITUATION TUN SOLL ...
10-19
SCHULZ
UND ICH WEISS NIE, WAS MEIN HUND DENKT ...
ICH LIEBE DIESEN TEIL DES TAGES ...

WARUM MUSS MAN DIE GANZE NACHT WACH LIEGEN UND SICH SORGEN MACHEN?
3-11

WARUM MUSS EIN EINZELNER DIE GANZE LAST DER WELT AUF SEINEN SCHULTERN TRAGEN?
VERSUCH'S MIT SCHLAFEN.
SCHULZ

SIEHST DU DAS HAUS DA VORN? DORT SOLL ES SPUKEN, HAB ICH GEHÖRT ...

3–13
ICH GLAUBE NICHT AN SPUKHÄUSER ...

ABER ICH GEH MAL LIEBER AUF DIESER SEITE ...
SCHULZ

ICH SAGE NICHT, DASS EIN HUND NICHT GUT GEGEN EINSAMKEIT WÄRE ...
ICH WOLLTE NUR SAGEN, DASS DER GEDANKE ABSURD IST, EIN HUND WÜRDE ALLE PROBLEME LÖSEN ...
ECHT?
12-14
SCHULZ

MANCHMAL FRAGE ICH MICH, WAS ES WOHL BRÄUCHTE, UM MICH GLÜCKLICH ZU MACHEN ...
6-17
HIER ... HOL DAS BÄLLCHEN!
BEI HUNDEN FUNKTIONIERT DAS FÜR GEWÖHNLICH ...

JA, FRÄULEIN, DAS IST MEIN HUND ... HUNDE KÖNNEN KEINE TANZSTUNDEN NEHMEN?
TJA, DANN MÜSSEN WIR WOHL WIEDER HEIMGEHEN ...
8-12
WIR HABEN EINE ABMACHUNG ... ER KOMMT ÜBERALL MIT HIN, WO ICH HINGEHE UND ANDERSRUM IST ES GENAUSO.
AUSSER ER FLIEGT, ABER BITTE FRAGEN SIE MICH NICHT, WAS ES DAMIT AUF SICH HAT ...
SCHULZ

WENN DER REGEN NICHT AUFHÖRT, WERDE ICH DEINEN FRESSNAPF NICHT HOLEN KÖNNEN ...
NA SCHÖN, ICH WERDE MICH WOHL OPFERN ... ICH ZIEH DIE REGENSACHEN AN UND TROTZE DEN ELEMENTEN!
HINTERHER KÖNNEN WIR GERN ORDEN VERTEILEN ...
SCHULZ 7-29

»Hund zu sein ist ein Vollzeitjob …«

Der Beagle

GOLDEN RETRIEVER ... COLLIES ... DALMATINER ...
DÄNISCHE DOGGEN ... TERRIER ...
DA HABEN WIR'S ... EIN BUCH ÜBER BEAGLES ...
MEINE LEUTE!
SCHULZ
9-18

SIE WURDEN AUFGERUFEN, SIR ... ICH DENKE, SIE SOLLTEN JETZT NACH VORN GEHEN UND IHREN PREIS ABHOLEN ...
ICH BIN SO AUFGEREGT ... KOMM BITTE MIT, MARCIE ...
1-12-85
PATSCH
PATSCH
PATSCH
BEIM KLATSCHEN SIND PFOTEN NICHT DAS WAHRE.
SCHULZ

HOPPELDI-
HOPP
HASEN HOPPELDIHOPPEN ...
HUNDE NICHT ...
1-21
SCHULZ

HUNDE HABEN'S GUT ...
HUNDE MÜSSEN NIE HAUSAUFGABEN MACHEN ...
HUNDE MÜSSEN EIGENTLICH ÜBERHAUPT NICHTS TUN.
AUSSER KRITIK ÜBER SICH ERGEHEN ZU LASSEN ...
SCHULZ
1-23

KRAULEN? SIEHT GUT AUS ...
8-8
RÜCKEN-SCHWIMMEN? TOLL!
HUNDE-PADDELN?
DER MACHT SICH DOCH LUSTIG!
SCHULZ

ICH KOMME, SOBALD ICH DEN HUND GEFÜTTERT HABE.
BONK!
10-24
SEUFZ
TIERQUÄLEREI! TIERQUÄLEREI!
SCHULZ

12-4
ICH FINDE, DU VERSCHWENDEST DEIN LEBEN ...
ES MUSS DOCH TAUSEND DINGE GEBEN, DIE DU MACHEN KÖNNTEST ...
MAG SEIN, ABER HUND ZU SEIN IST EIN VOLLZEITJOB ...
SCHULZ

ICH WERFE DAS BÄLLCHEN, JA?
DANN LÄUFST DU HINTERHER UND HOLST ES ZURÜCK!
VIELLEICHT SOLLTEN WIR DIE SACHE NOCH EIN WENIG DURCH-DENKEN ...

WENN DU DIR SCHUHE BINDEN MÜSSTEST, WÜRDE DIR DAS LACHEN VERGEHEN ...
WARUM ZIEHST DU EIGENTLICH KEINE SCHUHE AN? MICKY MAUS HAT AUCH WELCHE ...
DIE SCHUHE VON MICKY MAUS HABEN ABER KEINE SCHNÜRSENKEL ...
7-5

PASS AUF, SO LÄUFT DAS ... ICH WERFE DAS BÄLLCHEN, JA?
WENN DU IHM HINTERHERJAGST, DANN MIT VOLLEM EINSATZ ... DEINE OHREN SCHLACKERN UND DIE ZUNGE HÄNGT DIR AUS DEM MUND!
DANN BRINGST DU ES TOTAL BEGEISTERT ZURÜCK!
8-4
ICH HAB HIER KEINE OHREN SCHLACKERN SEHEN ...
SCHULZ

HUNDE SIND SO WAS VON TRÄGE ...!
DIE PENNEN DEN LIEBEN LANGEN TAG!
9-1
VÖGEL SIND KEINEN DEUT BESSER ... DIE FLATTERN BLOSS DURCH DIE GEGEND ...
WAS HAT SIE GESAGT?
♠AK
♣3
SCHULZ

WIR SIND EINE WEILE WEG, BITTE BEWACHE SOLANGE DAS HAUS.
NEIN, DAS HAUS ...
1-20
SCHULZ

ICH HÄTTE DA EIN PAAR VORSCHLÄGE FÜR DICH ...
ICH HASSE VORSCHLÄGE ...
ICH HAB EIN PAAR VORSCHLÄGE, DIE DEINEM LEBEN EINEN SINN GEBEN KÖNNEN ...
3-12
ABER ICH SEH SCHON, DU HAST KEIN INTERESSE ...
EIN HUNDELEBEN BRAUCHT KEINEN SINN ...
SCHULZ

3-30
WIE KANN EIN HUND BEIM MALBUCH-WETTBEWERB GEWINNEN?
DAS IST DOCH ABSURD!
DAS STIMMT WOHL ... ABER WENN MAN MAL DARÜBER NACHDENKT ...
... IST DAS GANZE LEBEN EINES HUNDES ABSURD ...
SCHULZ

WAS MACHST DU HIER DRAUSSEN?
ICH WARTE AUF MEINEN HUND ...
WIE SOLL ER DICH DEINER MEINUNG NACH FINDEN?
HUNDE SIND SCHLAU ... SIE FINDEN SICH ÜBERALL ZURECHT ... SIE WISSEN IMMER, WO SIE SIND ...
WOHNE ICH NICHT AUCH HIER IRGENDWO?
SCHULZ
5-21

JA, FRÄULEIN ...
WIR SUCHEN EINEN NEUEN FRESSNAPF ...
HABEN SIE VIELLEICHT WELCHE MIT HÄSCHEN-BILDERN? ER MAG HÄSCHEN ...
NA SCHÖN, DANN NEHMEN WIR EINEN NORMALEN ...
MEIN LEBEN IST SCHRECKLICH ÖDE ...
8-19
SCHULZ

DAS WAR MEIN ERSTER TAG IN DER VORSCHULE ... UND PLÖTZLICH MEINTE DIE LEHRERIN, ES WÄRE ESSENSPAUSE ...
9-16
ALSO FRAGTE ICH SIE, OB ICH EINEN SCHOKO-EISBECHER KRIEGE ... WEISST DU, WAS SIE MIR GEGEBEN HAT? EINEN KEKS!
ALS HUND PASSIERT DIR DAS ANDAUERND ...
SCHULZ

BEISST DEIN HUND?
NATÜRLICH NICHT ...

DAS STIMMT ... ICH GLAUBE NICHT, DASS ICH JEMANDEN BEISSEN KÖNNTE ...
9-26

EIN WENIG BEISSENDER HUMOR HIER UND DA WURDE MIR ALLERDINGS SCHON NACHGESAGT ...
SCHULZ

WIR MÜSSEN REDEN ...

ABER WIE SOLL DAS GEHEN, WO HUNDE NUN MAL NICHT SPRECHEN KÖNNEN?
WUFF!

1-8-97
GANZ MEINE REDE.
SCHULZ

12-7
EIN GUTER WACHHUND MACHT NICHT BLOSS »WUFF«!

EIN GUTER WACHHUND MACHT »ROOAAAHR«!

ALLES IN GROSSBUCHSTABEN?
SCHULZ

»Schokokekse folgen mir einfach auf Schritt und Tritt …«

Der Feinschmecker

4-10
IM REGEN ZU ESSEN IST NICHT WEITER SCHLIMM. ES GIBT NUR EIN PROBLEM ...
DIE PIZZA WIRD SCHNELLER KALT.
SCHULZ

DIESE VERFLIXTE FÄHIGKEIT IST FLUCH UND SEGEN ZUGLEICH ...
HIER IRGENDWO ... GANZ IN DER NÄHE ...
ICH WEISS NICHT GENAU, WO ...
ABER ICH HÖRE GANZ DEUTLICH, WIE JEMAND EINEN SCHOKOLADEN-KEKS VERPUTZT!
8-29
SCHULZ

DU KÖNNTEST DICH RUHIG BEMÜHEN, SEIN FUTTER AUCH MAL ETWAS NETTER AUSSEHEN ZU LASSEN.
9-12
SCHULZ

BAMM
BAMM
BAMM
GANZ RECHT, EIN SCHOKOLADENKEKS HAT DICH GERUFEN, ABER ER HAT EINEN SOLCHEN KRACH GESCHLAGEN, DASS ICH IHN GEGESSEN HABE!
7-22
ICH MUSS DEN JUNGS EINSCHÄRFEN ZU FLÜSTERN ...
SCHULZ

DER DOSENÖFFNER IST KAPUTT
DU MUSST WOHL NOCH EIN PAAR MINUTEN AUF DEIN ESSEN WARTEN ... IST DAS IN ORDNUNG?
7-23
WAS DENKST DU?
WER KANN SCHON DAS UNDENKBARE DENKEN?
SCHULZ

12-7
WUSSTE ICH DOCH, DASS ESSENSZEIT IST.
ICH HAB DICH STARREN HÖREN ...
SCHULZ

ZEHN SCHOKOKEKSE?!
ICH WOLLTE DIR GERADE DEIN ESSEN MACHEN!
Dog food
DAS SIND DOCH NUR AUFWÄRM-KEKSE ...
11-18
MAN SOLLTE NIE ESSEN, OHNE SICH VORHER AUFZUWÄRMEN!
SCHULZ

ICH HASSE ES, AUFS ESSEN ZU WARTEN ...
WENN MAN SO TUT, ALS SEI ES EINEM EGAL, KOMMT DAS ESSEN MANCHMAL SCHNELLER ...
9-21
HAT BIS JETZT LEIDER NOCH NIE FUNKTIONIERT.
SCHULZ

ICH HAB DIR EINEN GROSSEN BECHER SCHOKOEIS ZUM NACHTISCH GEMACHT.
5-12
ABER DANN MUSSTE ICH IHN DOCH SELBST ESSEN, WEIL ICH IM RADIO GEHÖRT HABE, DASS EIS HUNDEN NICHT BEKOMMT.
ENTTÄUSCHUNG BEKOMMT HUNDEN AUCH NICHT BESONDERS ...

DU LIEBE ZEIT! IST SCHON SECHS UHR?
TUT MIR LEID, DASS ICH SO SPÄT DRAN BIN ... ICH HAB DIE ZEIT VERGESSEN ...
8-5
ICH FASSE ES NICHT! ICH STEHE TATSÄCHLICH HIER UND LASSE MICH VON EINEM MAGEN ZUR SCHNECKE MACHEN ...
SCHULZ
Happy Birthday, Amy

HE!
WIESO IST DIE KEKSDOSE SCHON WIEDER LEER?
ICH KANN NICHTS DAFÜR ... DAS IST NICHT MEINE SCHULD ...
SCHOKOKEKSE FOLGEN MIR EINFACH AUF SCHRITT UND TRITT ...
SCHULZ
8-28

MAN MUSS EIN BILD DES JAMMERS ABGEBEN ...
1-14
WENN MAN AM STRASSENRAND HOCKT UND TRAURIG AUS DER WÄSCHE SCHAUT, GIBT EINEM MANCHMAL JEMAND IM VORBEIGEHEN EINEN KEKS ...
GANZ OHNE RISIKO IST DAS NATÜRLICH NICHT ...
KOKOS! IGITT!!
SCHULZ

HÄTTEST DU HEUT GERN KRAUTSALAT ZUM ESSEN?
ICH HAB ETWAS KOHL, EIN PAAR MÖHREN UND EINIGE ZWIEBELN KLEIN GESCHNIBBELT UND MIT EIN WENIG DRESSING ANGEMACHT ...
VERGISS ES! ICH ESSE NICHTS, DAS ERST ERKLÄRT WERDEN MUSS.
SCHULZ
9-24

5-15
DU WIRKST IRGENDWIE VERLOREN AUF DIESER BANK.
DAS BIN ICH WOHL AUCH ...
NICHTS FÜHLT SICH SO VERLOREN AN, WIE OHNE KRAPFEN MUTTERSEELENALLEIN AUF EINER BANK ZU SITZEN ...

WIR HATTEN MAL WIEDER EINE TOLLE ZEIT HEUTE, NICHT WAHR?
NA, UND OB ...
WEISST DU SCHON, WONACH DIR MORGEN DER SINN STEHT?
WIR KÖNNTEN MAL WAS ANDERES MACHEN ...
ESSEN WIR DOCH MORGEN DIE MARMELADENKRAPFEN SCHON VOR DER PIZZA ...

WIE SCHAFFT MAN ES NUR, BEIM ROLLER-SKATEN PIZZA ZU ESSEN?
11-10

KEIN PROBLEM, SOLANGE EINEM NICHT DER KÄSE ZWISCHEN DIE RÄDER LÄUFT ...
SCHULZ

SIEHST DU, WIE MEINE HÄNDE ZITTERN, CHARLES? ICH HALTE DIESEN DRUCK NICHT MEHR AUS ...

MEINE ELTERN ERWARTEN VON MIR IN EINEM FORT DIE BESTEN NOTEN!
10-17

ICH BIN SO MÜDE ...
GIB IHR 'NEN KEKS, WENN SIE AUFWACHT ...
SCHULZ

ICH KANN DIR LEIDER NICHTS ABGEBEN ... EISCREME SOLL NICHT GUT SEIN FÜR HUNDE ...
UND WENN DU MICH WEITER SO ANSTARRST, VERDIRBST DU ES MIR NUR ...
DAS MUSS WOHL REICHEN.
6-21
SCHULZ

ICH FINDE ES FURCHTBAR, DASS MAN UNS IMMERZU VORSCHRIFTEN MACHT, WAS WIR ESSEN SOLLEN.
ES GIBT DURCHAUS EXPERTEN, DIE MEINEN, WIR ESSEN INSTINKTIV DAS, WAS WIR BRAUCHEN.
UND OB!
2-3
DIE ZWÖLF KRAPFEN HAB ICH SO WAS VON GEBRAUCHT!
SCHULZ

WAS GIBT'S?
DU DENKST OFFENBAR, ES SEI ESSENSZEIT ...
NEIN, ICH LAUFE IMMER MIT DEM NAPF IM MAUL DURCH DIE GEGEND ...
SCHULZ
5-2

»Andere Leute haben Hunde,
die in einem fort bellen oder im Garten
lauter Löcher buddeln ...«

Der Alleskönner

DER WELTBERÜHMTE ANWALT VERLÄSST DAS GERICHT.
DER RICHTER NANNTE MICH EINEN RABULISTEN, EINEN KRITIKASTER UND BECKMESSER!
DA MACHT SICH DAS STUDIUM WIRKLICH BEZAHLT.
SONST WÜSSTE MAN NICHT, ALS WAS MAN BESCHIMPFT WIRD!
1-15
SCHULZ

1-26
DIESE STRASSE
WIRD AUS DER
LUFT ÜBERWACHT
SCHULZ

Sehr geehrte Herren, in Bezug auf Ihre jüngste Absage.
11-13
Ich glaube, hier liegt ein Missverständnis vor.
Eigentlich ging es mir darum, dass Sie meine Geschichte veröffentlichen und mir fünzigtausend Dollar schicken.
Hatte ich mich da unklar ausgedrückt?
SCHULZ

DER WELTBERÜHMTE ANWALT IST UNTERWEGS ZUM GERICHT.
10-15
WENN ANWÄLTE »SINE MORA« SAGEN, MEINEN SIE »UNVERZÜGLICH«.
ANWÄLTE SAGEN VIEL, WENN DER TAG LANG IST.
SCHULZ

DEIN DETEKTIV IST NICHT HART GENUG.
WENN DU EINEN GUTEN KRIMI SCHREIBEN WILLST, MUSS DIE HAUPTFIGUR EIN HARTGESOTTENER BURSCHE SEIN!
8-10
MACH IHN HÄRTER!
Er schlug erneut zu.
SCHULZ

DER WELTBERÜHMTE CHIRURG IST AUF DEM WEG IN DEN OPERATIONSSAAL.
CHIRURGEN MÜSSEN EINE MENGE KNIFFLIGE ENTSCHEIDUNGEN TREFFEN, NICHT WAHR?
10-23
MAN GEWÖHNT SICH DRAN ...
ICH KOMME GERADE AUS DER CAFETERIA, DA MUSSTE ICH MICH ZWISCHEN DEM ZITRONENKUCHEN UND DER SCHOKOTORTE ENTSCHEIDEN ...
SCHULZ

Er war ein Riese mit
wilder, finsterer
Miene und Augen
wie
ein klitzekleiner
gelber Vogel.
11-30
SCHULZ

GAR NICHT MAL SO ÜBEL.
BIS AUF DIESE PASSAGE HIER ...
DU SOLLTEST DIE STELLE STREICHEN, AN DER DEIN HELD EIN NICKERCHEN MACHT ...
10-3
Z-Z-Z-Z-Z-
SCHULZ

ICH STELLE MIR DAS LEBEN EINES CHIRURGEN ZIEMLICH ERFÜLLEND VOR ...
ZWEIFELLOS VERDANKEN IHNEN VIELE MENSCHEN IHR LEBEN ...
SIND SIE DESHALB CHIRURG GEWORDEN?
NEIN, MIR HABEN EINFACH DIE GRÜNEN SCHÜHCHEN GEFALLEN!

HERR FÜHRER! NUR, DASS SIE'S WISSEN ... SOLLTEN WIR UNS VERLAUFEN, VERKLAGEN WIR SIE!
ICH ÜBERNEHME DEN FALL ...

ALS WELTBERÜHMTER CHIRURG KÖNNEN SIE MIR VIELLEICHT HELFEN ...
8-31
HÄTTEN SIE EINEN RAT FÜR JUNGE ÄRZTE ODER SCHWESTERN, DIE IHREN DIENST IM KRANKENHAUS ANTRETEN?
JA. VERGISS NIEMALS, AUF WELCHEM STOCKWERK DU GERADE UNTERWEGS BIST ...
SCHULZ

DAS FLIEGER-ASS AUS DEM ERSTEN WELTKRIEG TRINKT MALZBIER IN EINEM KLEINEN FRANZÖSISCHEN CAFÉ ... ER HÄNGT TRÜBEN GEDANKEN NACH ...
DER KRIEG ZIEHT SICH ... ALLES SCHEINT HOFFNUNGSLOS ... ER SEHNT SICH NACH JEMANDEM, MIT DEM ER REDEN KANN ... DER IHN VERSTEHT ...
10-3
MAMA ...
SCHULZ

ES IST IMMER WIEDER EIN VERGNÜGEN, MIT EINEM WELTBERÜHMTEN ANWALT ZU SPRECHEN ...

WENN SIE AUF IHRE LANGE UND AUSSERGEWÖHNLICHE KARRIERE ZURÜCKBLICKEN, WELCHER SIEG VOR GERICHT HAT IHNEN DIE GRÖSSTE BEFRIEDIGUNG BEREITET?

10-19
SIEG?
SCHULZ

WENN SCHRIFTSTELLERN NICHTS EINFÄLLT, SCHLAFEN SIE SCHON MAL ÜBER DER SCHREIBMASCHINE EIN ...
6-20

ABER SONDERLICH BEQUEM IST DAS NICHT.
SCHULZ

ES REGNET!
HE, HERR PILOT, KÖNNEN WIR AUCH IM REGEN FLIEGEN?
6-16
HERR PILOT?

ES DÄMMERT ... DAS FLIEGER-ASS AUS DEM ERSTEN WELTKRIEG MARSCHIERT AUFS FLUGFELD.
11-8
ER KLETTERT INS COCKPIT SEINER SOPWITH CAMEL UND ZIEHT DIE SICHERHEITSGURTE FEST ...
DIE MORGENDLICHE STILLE WIRD VOM DRÖHNEN EINES »LE RHÔNE«-UMLAUFMOTORS MIT HUNDERTZEHN PS ZERSCHNITTEN!
ANDERE LEUTE HABEN HUNDE, DIE IN EINEM FORT BELLEN ODER IM GARTEN LAUTER LÖCHER BUDDELN ...
SCHULZ

Es war eine dunkle und stürmische Nacht.
NICHT SCHON WIEDER.
4-22
Es war eine dieser dunklen Nächte, in denen man nicht zu sagen vermochte, ob es stürmen würde oder nicht.
SCHULZ

WÄHREND DAS FLUGFELD UNTER IHM KLEINER WIRD, SIEHT DAS FLIEGER-ASS AUS DEM ERSTEN WELTKRIEG, WIE SEINE GETREUEN MECHANIKER IHM SORGENVOLL NACHBLICKEN ...
ER WEISS, DASS IHRE GEDANKEN IHN DIE GANZE ZEIT BEGLEITEN.

♠ 853
♡ –
♢ D6
♣ 4
♠ –
♡ K10
♢ K8
♣ D10
N
W O
S
♠ –
♡ D63
♢ B9
♣ 6
♠ 1072
♡ –
♢ A5
♣ 3
5-7
SCHULZ

DAS FLIEGER-ASS AUS DEM ERSTEN WELTKRIEG IST AUF HEIMATURLAUB ...
4-22
ES TUT GUT, WIEDER MAL UNTER ALTEN FREUNDEN ZU SEIN, DIE EINEN ZU SCHÄTZEN WISSEN ...
HÄTTEST DU WOHL DIE GÜTE, DAS MALZBIER VON MEINEM KLAVIER ZU NEHMEN?
SCHULZ

DER WELTBERÜHMTE AUTOR SCHICKT SICH AN, SEINEN NEUESTEN ROMAN AN SEINEN VERLEGER ZU SENDEN ...
4-30
ICH WUSSTE GAR NICHT, DASS BRIEFKÄSTEN WEGLAUFEN KÖNNEN ...
SCHULZ

DEN AUSDRUCK IM GESICHT DES GEGNERISCHEN ANWALTS WERD ICH NIE VERGESSEN ...
IHM IST NICHT ENTGANGEN, DASS ICH EINEN BRANDNEUEN LINIERTEN NOTIZBLOCK DABEIHATTE ...
UNTER ANWÄLTEN HERRSCHT EINE ZIEMLICHE MISSGUNST.
SCHULZ
7-11

GLAUBST DU, MAN KANN AUF EINEM WASSERBALL DEN GANZEN SEE ÜBERQUEREN?
WOHL KAUM. WIESO?
NUR SO 'NE FRAGE ...
SCHULZ
8-2

# Zu dieser Ausgabe

Die Comics wurden den nachfolgend aufgeführten elf Bänden der *Peanuts Werkausgabe* von Carlsen Comics – beginnend mit dem Doppeljahrgang 1979/80 und endend mit 1999/2000 – entnommen. Alle Texte wurden aus dem Amerikanischen übertragen von Matthias Wieland und für die vorliegende Ausgabe neu gesetzt.

Charles M. Schulz: Die Peanuts Werkausgabe. 1979 bis 1980. Hamburg: Carlsen Comics, 2013 [im Folgenden abgekürzt als 79/80].

- 1979 bis 1980. Hamburg: Carlsen Comics, 2013 [im Folgenden: 79/80].
- 1981 bis 1982. Hamburg: Carlsen Comics, 2013 [im Folgenden: 81/82].
- 1983 bis 1984. Hamburg: Carlsen Comics, 2014 [im Folgenden: 83/84].
- 1985 bis 1986. Hamburg: Carlsen Comics, 2014 [im Folgenden: 85/86].
- 1987 bis 1988. Hamburg: Carlsen Comics, 2015 [im Folgenden: 87/88].
- 1989 bis 1990. Hamburg: Carlsen Comics, 2016 [im Folgenden: 89/90].
- 1991 bis 1992. Hamburg: Carlsen Comics, 2016 [im Folgenden: 91/92].
- 1993 bis 1994. Hamburg: Carlsen Comics, 2016 [im Folgenden: 93/94].
- 1995 bis 1996. Hamburg: Carlsen Comics, 2017 [im Folgenden: 95/96].
- 1997 bis 1998. Hamburg: Carlsen Comics, 2018 [im Folgenden: 97/98].
- 1999 bis 2000. Hamburg: Carlsen Comics, 2018 [im Folgenden: 99/00].

»Immer nach oben schauen …
das ist das Geheimnis des Lebens …«
Der Denker

**11:** 79/80, S. 172 | **12:** 79/80, S. 241 | **13:** 81/82, S. 118 | **14:** 81/82, S. 177 | **15:** 81/82, S. 210 | **16:** 81/82, S. 244 | **17:** 83/84, S. 187 | **18:** 85/86, S. 62 | **19:** 85/86, S. 92 | **20:** 85/86, S. 103 | **21:** 85/86, S. 173 | **22:** 85/86, S. 274 | **23:** 87/88, S. 163 | **24:** 87/88, S. 282 | **25:** 89/90, S. 287 | **26:** 91/92, S. 101 | **27:** 91/92, S. 119 | **28:** 95/96, S. 36 | **29:** 95/96, S. 147 | **30:** 99/00, S. 64

## »Du nennst dein Herrchen ›den Jungen mit dem Mondgesicht‹?« Der treue Freund

**33:** 85/86, S. 98 | **34:** 85/86, S. 164 | **35:** 87/88, S. 81 | **36:** 87/88, S. 166 | **37:** 87/88, S. 169 | **38:** 89/90, S. 78 | **39:** 89/90, S. 125 | **40:** 89/90, S. 257 | **41:** 91/92, S. 94 | **42:** 91/92, S. 107 | **43:** 93/94, S. 85 | **44:** 93/94, S. 282 | **45:** 95/96, S. 30 | **46:** 95/96, S. 32 | **47:** 95/96, S. 306 | **48:** 97/98, S. 229 | **49:** 99/00, S. 97 | **50:** 99/00, S. 91

## »Hund zu sein ist ein Vollzeitjob …« Der Beagle

**53:** 81/82, S. 268 | **54:** 85/86, S. 5 | **55:** 85/86, S. 10 | **56:** 85/86, S. 10 | **57:** 85/86, S. 251 | **58:** 89/90, S. 128 | **59:** 91/92, S. 145 | **60:** 91/92, S. 250 | **61:** 89/90, S. 237 | **62:** 91/92, S. 250 | **63:** 91/92, S. 262 | **64:** 95/96, S. 9 | **65:** 95/96, S. 188 | **66:** 95/96, S. 195 | **67:** 95/96, S. 218 | **68:** 95/96, S. 257 | **69:** 95/96, S. 269 | **70:** 95/96, S. 273 | **71:** 97/98, S. 4 | **72:** 99/00, S. 147

## »Schokokekse folgen mir einfach auf Schritt und Tritt …« Der Feinschmecker

**75:** 81/82, S. 43 | **76:** 81/82, S. 103 | **77:** 81/82, S. 109 | **78:** 81/82, S. 244 | **79:** 81/82, S. 244 | **80:** 87/88, S. 147 | **81:** 83/84, S. 139 | **82:** 85/86, S. 113 | **83:** 89/90, S. 57 | **84:** 85/86, S. 250 | **85:** 85/86, S. 260 | **86:** 87/88, S. 163 | **87:** 87/88, S. 271 | **88:** 89/90, S. 59 | **89:** 89/90, S. 134 | **90:** 89/90, S.291 | **91:** 89/90, S. 281 | **92:** 91/92, S. 74 | **93:** 83/84, S. 172 | **94:** 97/98, S. 209

»Andere Leute haben Hunde, die in einem fort bellen oder im Garten lauter Löcher buddeln ...«

Der Alleskönner

**97:** 81/82, S. 7 | **98:** 81/82, S. 12 | **99:** 81/82, S. 136 | **100:** 81/82, S. 280 | **101:** 83/84, S. 96 | **102:** 83/84, S. 285 | **103:** 83/84, S. 301 | **104:** 85/86, S. 119 | **105:** 87/88, S. 21 | **106:** 87/88, S. 258 | **107:** 89/90, S. 105 | **108:** 89/90, S. 119 | **109:** 89/90, S. 126 | **110:** 91/92, S. 74 | **111:** 91/92, S. 229 | **112:** 93/94, S. 135 | **113:** 97/98, S. 49 | **114:** 97/98, S. 55 | **115:** 97/98, S. 205 | **116:** 97/98, S. 209 | **117:** 97/98, S. 239 | **118:** 93/94, S. 93

# Nachwort

Dass dieser schwarz-weiß gefleckte Vierbeiner kein normaler Hund ist, war von Anfang an offensichtlich. Doch wie stark sich der kleine Kerl von seinen Artgenossen unterscheiden und was für eine beispiellose Erfolgsgeschichte ihm bevorstehen sollte, konnte damals bei seinen ersten Auftritten noch niemand ahnen.

Snoopy betritt die Welt der *Peanuts* am 4. Oktober 1950 als freundlich dreinblickender, anfangs noch namenloser Beagle. Zwei Tage zuvor haben sieben US-Zeitungen die erste Folge des neuen Comicstrips veröffentlicht, geschrieben und gezeichnet vom damals 27-jährigen Charles M. Schulz (1922–2000). In der dritten Folge spaziert ein junger Hund die Straße entlang. Auf dem Kopf trägt das Tier eine kleine Blume, deren Stiel hinter seinem Ohr klemmt, sein Maul deutet ein Lächeln an. Er kommt an einem offenen Fenster mit einem Blumenkasten vorbei, der gerade von einem Mädchen gewässert wird. Als er auf ihrer Höhe ist, hebt sie die Kanne und gießt auch die Blume auf seinem Kopf. Daraufhin sinkt die Blume des Hundes zu Boden. Er selbst sitzt im letzten Bild des Strips mit konsterniertem Gesichtsausdruck in einer Wasserlache.

Jener frühe Snoopy – sein Name wird einige Wochen später in den *Peanuts* zum ersten Mal erwähnt – hat mit der Figur, die später eine globale Popkultur-Ikone werden wird, nur eine sehr entfernte Ähnlichkeit. Seine Schnauze ist schmaler, er bewegt sich artgemäß auf vier Pfoten, und dass in seinem Kopf mehr vorgeht als man es von einem Hund erwarten würde, lässt sich zu jener Zeit nur anhand seiner Körpersprache und der vielsagenden Mimik erahnen. Snoopys Rolle beschränkt sich am Anfang darauf, Charlie Brown und den anderen kindlichen Hauptfiguren der Reihe ein Spielgefährte und eine Projektionsfläche zu sein. Sein Verhalten bietet die Vorlage für viele Pointen, die allerdings noch nicht den Tiefgang der späteren *Peanuts*-Folgen haben. Oft geht es in den ersten Jahren um harmlose Kinderspiele, Streiche oder das Verhältnis von Mensch und Tier. Zwar ist schon früh zu erkennen, dass der kleine Hund die ihn umgebenden Kinder offensichtlich versteht (auch wenn er mit deren Verhalten nicht immer einverstanden ist), doch dass Snoopy zu Höherem berufen ist, wird sich erst in den folgenden Jahren zeigen.

Ab 1953 beginnt der bis dahin bis auf ein gelegentliches »Waff!« weitgehend sprachlose Hund, sein Dilemma in Worte zu fassen. Das besteht im Prinzip darin, von Größerem zu träumen, aber im Körper eines Hundes festzustecken. Als Charlie Brown den Hund in einer Episode auffordert, »Wau, wau!« zu sagen, sind in einer wolkig gezeichneten Blase die Gedanken von Snoopy zu lesen: »Du meine Güte! Warum muss ich diese Spielchen immer mitmachen?!« In einem anderen Strip, veröffentlicht im Januar 1955, sieht man einen grimmig dreinblickenden Snoopy, in dessen Gedankenblase zu lesen ist: »Manchmal wünschte ich, ich wär ein Wolf … Es ist deprimierend, wie sehr ich von Menschen abhängig bin!«

Dass der Hund sich nicht wie die anderen Figuren des Strips in Sprech-, sondern in Gedankenblasen ausdrückt, ist ein kluger Kunstgriff des Zeichners. So kann Snoopy alles mitteilen, was ihm durch den Kopf geht, während die Menschen um ihn herum oft gar nicht ahnen, was ihn umtreibt – woraus sich viele Pointen ergeben.

Die einzigen anderen *Peanuts*-Figuren, mit denen Snoopy sich richtig unterhalten kann, sind seine Beagle-Verwandten, die Charles M. Schulz in späteren Jahren nach und nach einführt, und natürlich sein bester Freund Woodstock, den Schulz ihm Ende der 1960er an die Seite zeichnet: Ein kleiner Vogel, der mit dem Hund in einer nur aus senkrechten Strichen bestehenden Sprache kommuniziert, die außer Snoopy niemand versteht.

1957 zeichnet Schulz einen Strip, in dem Charlie Brown Snoopy das Laufen auf zwei Beinen beibringt, was die Figur deutlich menschlicher erscheinen lässt. Ende 1958 eröffnet Schulz für Snoopy dessen fortan wichtigste Bühne: Er macht das Spitzdach seiner Hundehütte zur zentralen Spielfläche für die zunehmend wichtigen Solo-Auftritte der Figur. Von da an schränken den Hund die Restriktionen der irdischen Realität, denen die anderen Figuren des Strips im bestimmten Rahmen weiterhin unterliegen, zunehmend weniger ein.

Der größte dramaturgische Befreiungsschlag kommt aber Mitte der 1960er Jahre, als Schulz die Idee hat, Snoopy nicht nur darüber lamentieren zu lassen, dass er mehr vom Leben erwartet. Der Zeichner verleiht seiner Figur neben dem bereits zuvor entwickelten großen komödiantischen Talent, seinem Hang zum Sarkasmus und einer überbordenden Fantasie nun auch die Gabe, sich in seinen Tagträumen in fast jede Figur verwandeln zu können, die er gerne wäre. Und das sind nicht mehr wie am Anfang ein Wolf oder andere Tierarten, sondern durchweg menschliche Personifizierungen. Snoopy wird auf diese Weise über die folgenden Jahrzehnte hinweg unter anderem ein Schriftsteller (»Es war eine dunkle und stürmische Nacht«) und Weltkriegspilot, Rechtsanwalt und Eiskunstläufer, Astronaut und Offizier der französischen Fremdenlegion, Chirurg und Surfer, Pfadfinderführer und Joe Cool, der abgeklärte Student mit der Sonnenbrille.

Die nahezu komplette Aufhebung der Trennung zwischen Realität und Phantasie in Snoopys Welt eröffnet seinem Erfinder unbegrenzte erzählerische Möglichkeiten. Zudem macht es den Strip, der in seinen besten Zeiten in mehr als 2600 Zeitungen veröffentlicht wird, deutlich abwechslungsreicher als zuvor und bietet Anknüpfungspunkte für die unterschiedlichsten Lesergruppen. Im Laufe der 1960er Jahre entwickeln die *Peanuts* auch dank Snoopys gewachsener Komplexität ihr volles Potenzial und erreichen ein Niveau, das sie fast durchgehend halten – bis zum letzten Strip aus Schulz' Zeichenfeder, der am 13. Februar 2000 veröffentlicht wird, einen Tag nach Schulz' Tod im Alter von 77 Jahren.

Snoopy hat in diesem Universum eine zentrale Bedeutung. Über ihre jeweilige Beziehung zu Snoopy gewinnen auch die anderen Figuren des *Peanuts*-Ensembles an Kontur. Insbesondere Charlie Brown, der ewige Zweifler und Pechvogel. Seine Beziehung zu Snoopy ist durch eine komplexe, asymmetrische Dynamik geprägt. Der Junge sieht den Hund als seinen verlässlichsten Freund an. Er ist ihm fast bedingungslos ergeben und findet in Snoopys Gesellschaft immer wieder Trost in schwierigen Zeiten. Aus Sicht des Hundes basiert die Beziehung jedoch vor allem darauf, dass Charlie Brown der Mensch ist, der ihm den Futternapf füllt. Er ist sich seiner Abhängigkeit bewusst, macht sich aber nicht einmal die Mühe, sich den Namen seiner Bezugsperson zu merken und nennt Charlie Brown nur: »Der Junge mit dem Mondgesicht«.

Auch in zeichnerischer Hinsicht hat keine andere *Peanuts*-Figur eine so grundlegende Veränderung erlebt wie Snoopy. Seine Entwicklung ist eng mit der wachsenden handwerklichen Finesse von Charles M. Schulz verbunden. Im Laufe der 1950er Jahre wird der semirealistisch gezeichnete Hund zur zunehmend abstrahiert dargestellten Comicfigur, deren Kopfform einer Erdnuss ähnelt. Schulz' Linienführung wird skizzenhafter und lebendiger. Darüber hinaus gewinnt Snoopy an Körpergröße: Ab Mitte der 60er Jahre hat der Hund mit aufgestellten Ohren fast die Höhe der ihn umgebenden Kinder erreicht.

Im Gegensatz zu den menschlichen Akteuren des Strips nutzt Schulz zur Vermittlung der vielfältigen Gedanken und Gefühlszustände von Snoopy nicht nur dessen Gesicht. Wie ein Pantomime setzt der Hund seinen ganzen Körper als Medium seiner Emotionen ein. Und das nicht nur, wenn er bei seinem legendären Freudentanz schier schwerelos über dem Boden schwebt. Besonders vielsagend sind seine Ohren: Hängend oder aufgestellt, fliegend oder wackelnd, angewinkelt oder geknickt vermitteln seine Lauscher eine enorme Bandbreite an Empfindungen. Und in besonderen Momenten kann er sie als Propeller einsetzen, um wie ein Hubschrauber davonzufliegen.

Snoopys Herkunftsgeschichte ist eng mit der Biographie seines Schöpfers verknüpft. »Als ich 13 Jahre alt war, bekamen wir einen schwarz-weißen Hund, der der Vorläufer von Snoopy werden sollte«, hat Schulz in einem Essay über seine Jugend in St. Paul, Minnesota, geschrieben. Der Hund, den die Familie auf den Namen Spike taufte, konnte Schulz zufolge 50 menschliche Worte verstehen, beherrschte ungewöhnliche Tricks und fraß fast alles, einschließlich kleiner metallischer Gegenstände. Als Schulz 14 Jahre alt war, zeichnete er ein Bild von Spike und schickte es der auf kuriose Geschichten spezialisierten Zeitschrift *Ripley's Believe It or Not!* Die veröffentlichte es unter der Überschrift »Ein Jagdhund, der Nadeln, Reißzwecken und Rasierklingen frisst«, neben dem Bild der Hinweis: »Gezeichnet von *Sparky*« – Schulz' Spitzname. »Als ich den Hund bei den Peanuts einführte, benutzte ich das generelle Aussehen von Spike«, hat Schulz in späteren Jahren erklärt. Eigentlich sollte der Vierbeiner in der neuen Comicreihe Sniffy heißen.

Doch kurz vor der Veröffentlichung der ersten *Peanuts*-Comics entdeckte Schulz, dass es bereits einen anderen Comic-Hund mit dem Namen gab. Dann erinnerte er sich an eine Idee seiner Mutter: Sollte die Familie Schulz einen weiteren Hund bekommen, wäre Snoopy ein guter Name.

Mit der zunehmenden Bedeutung von Snoopy im Comic wächst auch dessen Popularität jenseits des Zeitungsstrips. Zahlreiche TV-Animationsreihen und Kinofilme machen die Figur zusätzlich populär. 1968 ist ein großer Snoopy-Ballon erstmals Teil der populären Thanksgiving Day Parade des Kaufhauses Macy's in New York. 1969 wird die Mondlandefähre des Apollo-10-Raumfahrtprogramms auf den Namen Snoopy getauft, eine Auszeichnung der US-Weltraumbehörde wird nach ihm benannt, ebenso ein Flugzeug der US-Luftwaffe. Und der Satz »Happiness is a warm puppy« (›Glück ist ein warmes Hündchen‹) aus einer Peanuts-Folge von 1960 wird zur stehenden Redewendung und inspiriert unter anderem den Beatles-Song »Happiness Is a Warm Gun«.

Dass Snoopy unter allen *Peanuts*-Figuren diejenige ist, die es auch außerhalb des Comicstrips am weitesten bringt, dürfte zum großen Teil mit seinem über die Jahre von Schulz entwickelten ikonischen Erscheinungsbild zu tun haben, das an andere unverwechselbare und global erfolgreiche Comic- und Cartoonmarken wie Mickymaus denken lässt. Viele Snoopy-Fans kennen die Comics mit der Figur kaum oder gar nicht, aber sie lieben den Beagle als Kuscheltier oder Plastikmaskottchen, als Dekoration auf Schulutensilien, Essgeschirr, Bettwäsche oder Kleidungsstücken, als Alltagsphilosoph auf Grußkarten und Postern mit kleinen Lebensweisheiten.

Gerade in Ländern außerhalb der USA, in denen Schulz' Comics nicht unbedingt zum kulturellen Kanon gehören, ist

Snoopy vor allem durch das *Peanuts*-Merchandising allgegenwärtig. Rund 2,5 Milliarden Dollar werden nach Schätzungen des Wirtschaftsberatungsunternehmens Deloitte auch heute noch jährlich weltweit mit Lizenzen für *Peanuts*-Produkte erwirtschaftet. Und die Popularität wächst weiter, unter anderem durch neue Kinofilme und Animationsserien. Die Rechte an den Figuren liegen bei der Firma Peanuts Worldwide, an der Schulz' Erben einen Anteil haben. Zwei Drittel dieser Einnahmen werden außerhalb der USA generiert.

Bei einem Großteil der *Peanuts*-Produkte steht Snoopy im Zentrum. Besonders populär ist er in Japan, wo auch andere gezeichnete Figuren wie Hello Kitty oder Pikachu kommerziell enorm erfolgreiche Marken sind, die das dort weit verbreitete Niedlichkeitskonzept *Kawaii* verkörpern. Seit 2016 gibt es in Tokio ein Museum, in dem Fans Originalzeichnungen der *Peanuts*-Comics betrachten und Produkte mit den Figuren darauf kaufen können. Das einzige andere Museum dieser Art gibt es seit 2002 in den USA. Während die *Peanuts*-Sammlung in Kalifornien den Titel Charles M. Schulz Museum trägt, ist es in Japan schlicht das Snoopy-Museum.

Eine wiederkehrende Pointe bei den klassischen *Peanuts*-Comics ist, dass Snoopy in seiner grenzenlosen Phantasie und seiner ebenso grenzenlosen Egozentrik fast alle Figuren, die er verkörpert, mit dem Attribut »weltberühmt« einführt. Bezüglich seiner globalen Popularität sind die kühnen Träume des Beagles tatsächlich Realität geworden.

*Lars von Törne*

Lars von Törne ist Redakteur des *Tagesspiegels* und betreut dort unter anderem die Comicseiten.